QUÉ ME DICES DE...

TIMIDEZ

Edita
Nova Galicia Edicións, S.L.
Avda. Ricardo Mella, 143 Nave 3
36330 – Vigo (España)
Tel. +34 986 462 111
Fax. +34 986 462 118
http://www.novagalicia.com
e-mail: novagalicia@novagalicia.com

Depósito legal: VG 990-2008
ISBN colección: 978-84-85401-03-1
ISBN volumen: 978-84-96950-92-4

Impresión
Artes Gráficas Diumaró.

Editor
Carlos del Pulgar Sabín

Dirección y coordinación
Elisardo Becoña Iglesias

Autores del libro
José Olivares Rodríguez y Pablo J. Olivares Olivares

Fotografía
Nova Galicia Edicións

Diseño y maquetación
Nova Galicia Edicións

Infografía
Nova Galicia Edicións

Traducción y revisión lingüística
Nova Galicia Edicións

TIMIDEZ

José Olivares Rodríguez
y Pablo José Olivares Olivares

NOVA GALICIA EDICIÓNS

QUÉ ME DICES DE...

Títulos de la colección

Tabaco

Cómo mejorar mi comportamiento

Cuida tu planeta

Respeto a la igualdad

Alcohol

Violencia escolar

La vida sin drogas

Valores sociales

Higiene personal

Derechos humanos

Alimentación sana

No estoy solo

Timidez

Reciclaje

El Agua

ÍNDICE

Introducción

¡Hola! Somos Pepe y Pablo. Antes de que empieces a leer este libro, queremos explicarte un poco por qué hemos decidido escribirlo tal como lo vas a leer.

Verás, hemos pensado que sería bueno que en primer lugar dedicásemos unas líneas al papel que juega el aprendizaje en lo que hacemos, porque casi todo lo que sabemos del comportamiento humano nos remite una y otra vez a que somos fundamentalmente el resultado de lo que aprendemos. Luego hemos creído conveniente diferenciar qué significan y para qué nos sirven el *miedo*, el *temor* y la *ansiedad* pues, aunque generalmente los empleemos como sinónimos, lo cierto es que significan e implican conceptos distintos aunque estén muy relacionados.

También hemos pensado que si somos capaces de explicarnos bien y logramos que tengáis claro para qué utilizamos cada una de estas palabras, cada uno de estos conceptos, entonces ya podremos comenzar a introduciros en el conocimiento de lo que es la *timidez*. Para ello primero os hablaremos de la *ansiedad social* porque esta forma de ansiedad es la que está detrás de varios problemas del comportamiento humano, entre los que se encuentra la timidez. Con el fin de que podáis entender estos problemas dedicaremos unas líneas a cada uno de ellos y a continuación nos ocuparemos del que más nos importa y es objeto de este libro: la timidez.

Te deseamos una grata lectura.
Pepe y Pablo.

Somos lo que hacemos

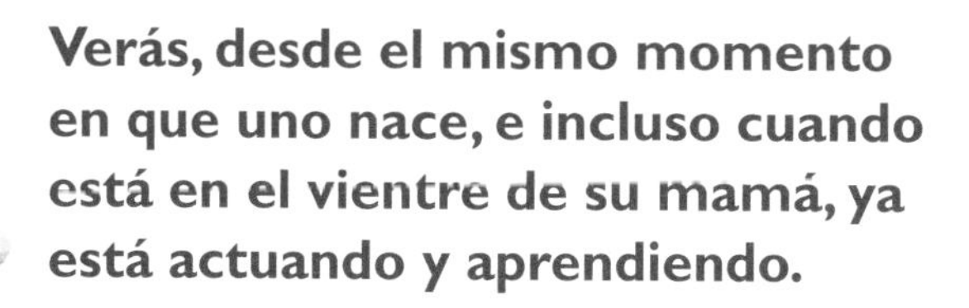

Verás, desde el mismo momento en que uno nace, e incluso cuando está en el vientre de su mamá, ya está actuando y aprendiendo.

De hecho, muchas cosas las apren demos sin darnos cuenta de lo que hemos hecho para aprenderlas; pero, nos demos cuenta o no, lo cierto es que todo lo que aprendemos influye en lo que hacemos y lo que hacemos determina en gran manera lo que podemos aprender.

Lo que acabamos de decirte es cierto hasta tal punto que puede afirmarse que un ser humano lo es por lo que aprende y, en consecuencia, por lo que hace cuando piensa, cuando actúa y cuando siente.

Lo que sentimos es, en gran medida, el resultado de la reacción de nuestro cuerpo ante nuestros recuerdos o respecto de lo que percibimos cuando nuestro organismo actúa o reacciona. Tal ocurre cuando sentimos que nos late el corazón, cuando suda-mos, cuando nos pica en alguna parte del cuerpo, cuando nos sentimos cansados porque nuestra musculatura ha realizado un esfuerzo notable, cuando nuestro organismo ha perdido mucha agua o cuando hemos bebido en exceso y nuestro músculo detrusor empieza a moverse –actúa, reacciona– y ello lo interpretamos como que tenemos que ir al baño porque nuestra vejiga está llena, etc. En todos estos casos tenemos un sentimiento u otro dependiendo de cómo interpretemos la manera en que nuestro cuerpo responde.

El papel del aprendizaje en nuestra vida

Así pues, lo que aprendemos es lo que nos hace comportarnos la mayor parte de las veces como lo hacemos y lo que hacemos constituye probablemente la parte más importante de lo que somos.

Los psicólogos y los biólogos hemos estudiado el papel que tiene nuestra herencia biológica en lo que hacemos. Estos estudios se han realizado con gemelos monocigóticos. Estos gemelos son dos hermanos que, hasta donde sabemos, tienen la misma herencia genética, es decir, son genéticamente iguales porque provienen de un mismo óvulo fecundado. Pues bien, lo que los estudios han concluido una y otra vez es que, pese a que los hermanos puedan ser físicamente como dos gotas de agua, su comportamiento suele ser muy distinto; lo que hacen depende de lo que han tenido la oportunidad de aprender en donde se han criado, es decir, de lo que han aprendido.

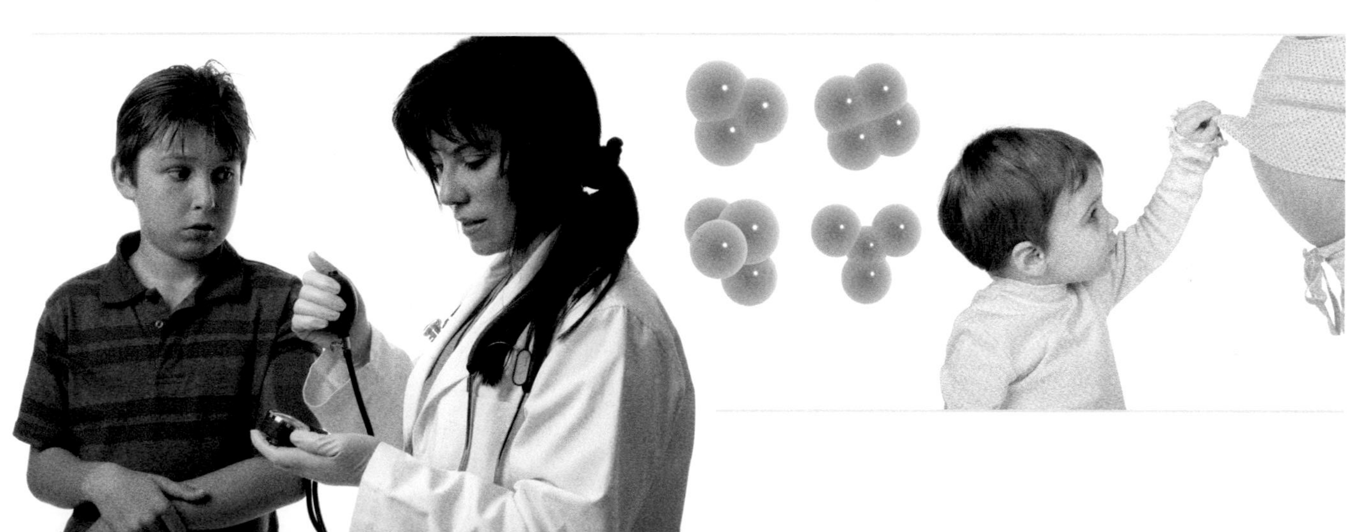

Algunos especialistas en el estudio del papel que juega el aprendizaje en lo que hacemos ejemplifican lo que hemos dicho indicando que, si se adoptase un gemelo monocigótico esquimal y se le trajese muy pequeñito a España, éste terminaría comportándose como cualquier otro español que hubiera tenido oportunidades de aprendizaje similares a él; en cambio, su hermano se comportaría como un auténtico esquimal, es decir, haría lo que se hace en el lugar donde hubieran nacido.

Así, el gemelo educado en España sabría, por ejemplo, hablar en español y la lengua de la comunidad autónoma donde se hubiese criado, sabría inglés e informática, pero no sabría cazar osos ni focas, ni sobrevivir a una tempestad en el polo, por ejemplo.

En este sentido, aunque se pueda admitir que algunos miedos y las respuestas de nuestro organismo ante ellos (la ansiedad), así como el estado en que uno se encuentra cuando los percibe (temor) puedan tener un origen genético, heredado, eso sería cierto sólo para muy pocos miedos. El resto de los miedos y las respuestas de ansiedad son el resultado de aprendizajes, de lo que hemos aprendido y de cómo lo hemos aprendido.

Veamos con un poco más de detalle qué es el miedo y qué son la ansiedad y el temor.

En español decimos "Me da miedo la oscuridad", "Tengo miedo a que me pille un coche", "Me da miedo ver que un perro de presa sin bozal se acerca mucho a mí", etc.

¿Qué es el miedo?

Si observas estas expresiones, te darás cuenta de que el miedo está directamente relacionado con la situación; es la situación la que nos da miedo, a la que hemos aprendido a tenerle miedo.

Los psicólogos pensamos que el miedo tiene una función muy importante: nos ayuda a que sea más difícil que nos pasen cosas desagradables y malas; cosas que pongan en peligro nuestra vida y en riesgo la continuidad de nuestra especie. En este sentido piensa, por ejemplo, ¿qué te podría pasar si cruzases la calle por cualquier sitio y sin mirar?, ¿qué te podría ocurrir si tus papás no apagasen nunca el gas en casa?, ¿qué le podría ocurrir a tu papá o a tu mamá si condujesen sin tener miedo a los accidentes?.

No sigas leyendo. Detente, tómate un descansito y piensa cuáles son las situaciones que más frecuentemente te dan miedo. Anótalas y señala los beneficios que te producen esos miedos, es decir, escribe al lado de cada miedo para ¿qué te sirve tenerlo?. ¿Qué te ayuda a prevenir?

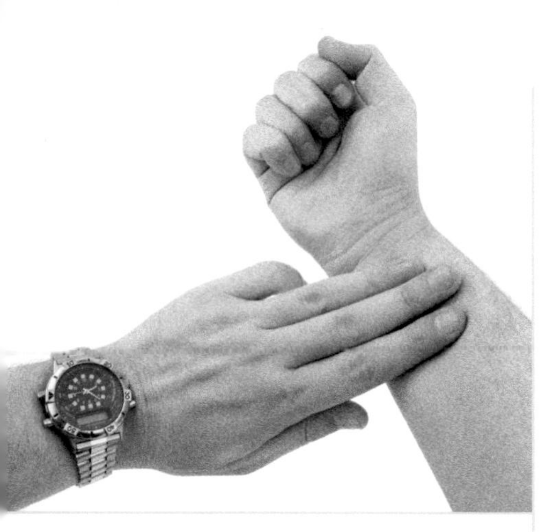

El término temor lo solemos emplear para hacer referencia al estado en el que nuestro cuerpo se encuentra cuando reacciona ante una situación que nos da miedo. Pese a que en otras ocasiones también se utiliza como sinónimo de miedo, nosotros vamos a emplearlo aquí con el primer significado.

¿Qué es el temor?

De hecho, solemos decir, por ejemplo, "Es que temo que me pase" o "Siento temor de que pudiera ocurrirme". En el primer caso hacemos referencia al estado desagradable en que me encontraría si me pasase lo que me da miedo (y por eso temo que me pase), en el segundo al estado en el que se halla mi cuerpo sólo con pensar en que me pudiera pasar lo que me da miedo.

El temor es un estado de nuestro cerebro y del resto de nuestro organismo en el que se agudiza nuestro sentido de la vista, el olfato, el oído... , durante el que respiramos más rápidamente para que nuestro cuerpo pueda disponer de más oxígeno por si hiciera falta hacer algo rápidamente; en el que nuestro corazón late más deprisa para enviar más sangre a las distintas partes de nuestro cuerpo para que nuestras células puedan trabajar más y mejor si tuviéramos que actuar rápidamente; durante el que se tensa nuestra musculatura para que estemos preparados para defendernos o huir, en caso de tener que hacerlo, etc.

Como acabamos de decir, durante el estado de temor nos preparamos para enfrentarnos a lo que nos da miedo o para escapar de la situación y huir en caso necesario; por eso, nuestro cerebro y el resto de nuestro organismo están lo suficientemente

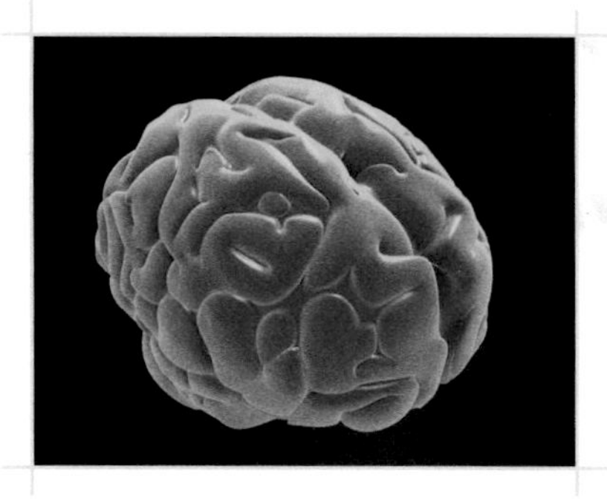

activados como para poder reaccionar rápidamente, con el fin de que la situación a la que tenemos miedo no nos coja desprevenidos, pero no tanto que pudiera hacer que nos quedásemos "bloqueados". Por eso, el estado de temor lo podemos considerar parte de la reacción preventiva de nuestro organismo para evitar que nos sorprenda la situación y nos pueda pasar algo desagradable o malo. Es decir, el estado de temor de nuestro organismo generalmente es adecuado respecto de la situación que nos da miedo. Nuestro cerebro y el resto de nuestro cuerpo no se alarman desproporcionadamente como ocurre cuando sentimos "terror" o "pavor".

El temor es el estado que produce la reacción de nuestro cerebro y organismo que denominamos ansiedad adaptativa o adecuada, también llamada reacción de ansiedad positiva porque nos sirve para que no nos cojan desprevenidos los peligros. Por ejemplo, si uno teme suspender un examen, es decir, se siente mal sólo con pensar en ello, entonces uno estudia para aprobarlo. En este caso, el temor que sentimos cuando nos da miedo pensar que podemos suspender nos previene y ayuda a que nos pongamos a estudiar para eliminar o reducir el peligro de suspender el examen y el estado desagradable que ello produce en nuestro organismo sólo con pensarlo.

Ahora nos gustaría que dejases de leer otro ratito y repasases las situaciones que anotaste al terminar de leer el párrafo anterior. Cuando leas, reflexiona de nuevo sobre cada una de ellas para ver en qué medida el temor que experimentas cuando piensas en ellas está en consonancia con las situaciones que temes. Escríbelo, por favor.

¿Qué es la ansiedad?

Llamamos ansiedad a nuestra reacción ante una situación que nos da miedo. Es decir, a lo que hace nuestro cerebro y nuestro cuerpo cuando nos hallamos ante tal situación. Se suele distinguir entre ansiedad "buena", "positiva" o adaptativa y "mala", "negativa" o desadaptativa.

Decimos que alguien presenta ansiedad "buena" cuando su reacción está acorde con el peligro real de la situación. Por ejemplo, como antes decíamos, nosotros podemos tener miedo a pasar al lado de un perro de presa que no lleva bozal pese a que su dueño lo lleve atado. Ante este hecho nuestro cerebro ordenaría al resto de nuestro organismo que se preparase para actuar si fuese necesario porque estaríamos ante una situación potencialmente peligrosa. En este caso, tal como hemos dicho, nuestra respiración sería más rápida ("agitada"), nuestro corazón latiría más rápido (incluso pudiera parecernos que "se nos va a salir"), nuestra musculatura se tensaría mucho (la sentiríamos "hinchada"), etc., para que, en caso de que viésemos en cualquier momento que el perro se dirige hacia nosotros, pudiéramos tener más probabilidades de huir y evitar que el perro nos tirase al suelo o que nos mordiese. Cuando esto ocurre, la alarma que se produce en nuestro cerebro sería pertinente, adecuada, acorde con el peligro real de la situación. Pero no cambiaríamos de acera, ni nos iríamos en dirección contraria a la que viésemos venir al perro de presa, aunque sí nos distanciaríamos un poco para no pasar muy cerca de él.

Ahora imagínate la misma situación pero con un perro caniche o un perro chihuahua. Si en este caso te viéramos

a ti cruzando la calle sin haber mirado si venían coches porque quieres evitar, a toda costa, cruzarte con el caniche o el chihuahua, sin importarte ninguna otra cosa en ese momento, ¿te parece una respuesta proporcional al peligro real de la situación?, ¿crees que es desproporcionada? ¡Claro que es desproporcionada! Como sabes, un perro caniche o un chihuahua no pueden hacerte gran cosa. Pues bien, a este modo de reaccionar le llamamos ansiedad "mala" o "negativa", es decir, desadaptativa, porque interfiere o impide que la persona haga lo que habitualmente haría si no tuviera esta reacción.

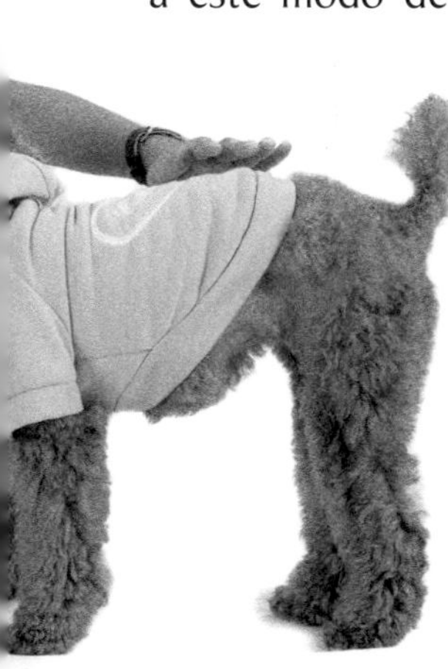

Así mismo, al estado que produce esa reacción tan aparatosa, tan inadecuada, tan desproporcionada ante la posibilidad de pasar cerca del caniche o el chihuahua, ya no le podemos llamar temor porque obliga a la persona a evitar la situación a cualquier precio, como lo es cruzar la calle sin mirar y ponerse en peligro de verdad.

Te insistimos, cuando esto ocurre es cuando hablamos de ansiedad desadaptativa (negativa) y del estado de terror o de pavor que incluso puede llegar a ser pánico.

Además, a diferencia de lo que ocurre con el temor, el estado de terror producido por la elevada intensidad de las respuestas de ansiedad sí te puede "bloquear", es decir, te puedes quedar inmóvil, paralizado, sin saber qué es lo que tienes que decir ni qué es lo que tienes que hacer en ese momento; se queda uno con la mente en blanco, sin poder escapar, sin poder huir, e incluso puede uno orinarse y hacerse caca encima sin enterarse de que todo eso le está ocurriendo.

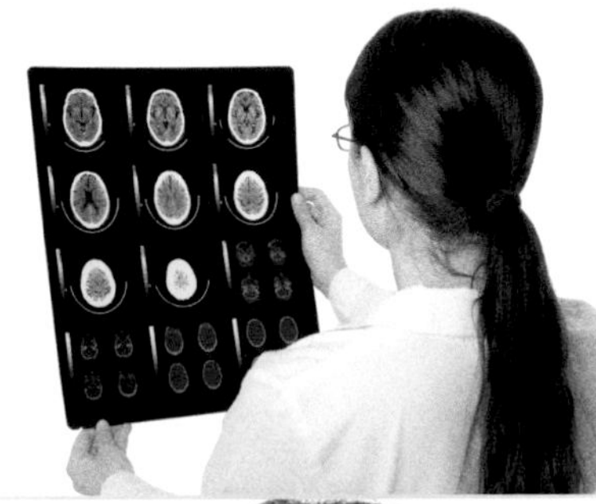

Recapitulando, podemos decir que la ansiedad es la reacción de nuestro cerebro y el resto de nuestro organismo ante una situación que nos da miedo. Esa reacción puede sernos útil o contraproducente. Decimos que nos es útil cuando es proporcional al peligro real de la situación y nos ayuda a enfrentarnos a la situación que tememos; es contraproducente cuando nos impide actuar adecuadamente, de acuerdo con el peligro real de la situación. Así mismo, nuestra reacción de ansiedad es automática, es decir, afecta a lo que pensamos, a lo que sentimos y a lo que hacemos sin que nos demos cuenta; todo el funcionamiento de nuestro organismo "se dispara" desproporcionada y automáticamente.

Cuando la reacción de ansiedad es desproporcionada respecto del peligro real de la situación, es decir, es desadaptativa, la primera vez generalmente pasamos "el mal trago" y ya está, pero cuando ya nos ha pasado algunas veces lo mismo, nuestra experiencia guardada en nuestra memoria permite a nuestro cerebro que ante el menor indicio de que pudiéramos encontrarnos en una situación similar a la que ya hemos vivido, éste "dispare" anticipadamente la alarma para evitar que nos vuelva a ocurrir y no puede dejar de pensar en las cosas malas que nos podrían pasar en la situación que tememos. Por ello, en esos momentos no vemos otra cosa que no sean indicios o señales de peligro por todas partes; en esos momentos nuestro cerebro se centra sólo en la información que puede producirnos daño o suponer un peligro, sin darse cuenta de que, por ejemplo, a diferencia de un león, una pantera o un perro de presa, un caniche o un chihuahua difícilmente pueden ser un peligro real para un ser humano.

Como habrás observado, la reacción de ansiedad también cambia el modo en que percibimos las situaciones, esto es, pueden hacer que le tengamos un miedo disparatado a determinadas situaciones, animales y personas a las que no hay ninguna razón real para tenérselo. Por ello, la ansiedad "mala" también nos impide ser nosotros mismos, lo que para el caso es lo mismo que impedirnos actuar como desearíamos y como nos convendría hacerlo. Esto puede tener repercusiones importantes tanto para nuestro desarrollo individual como social. Lo veremos en el siguiente apartado, pero antes vamos a tomarnos otro descansito en la lectura.

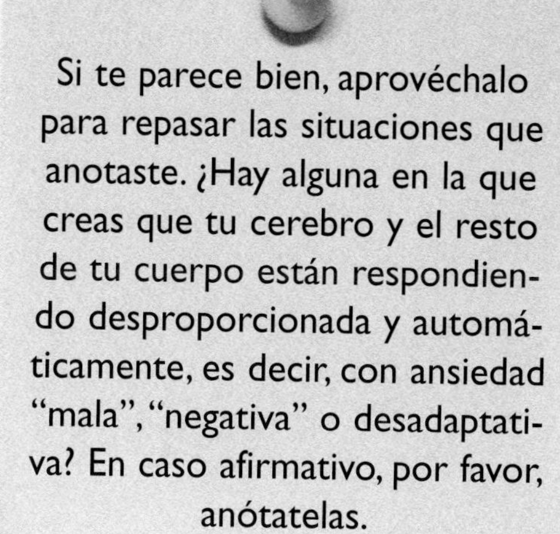

Si te parece bien, aprovéchalo para repasar las situaciones que anotaste. ¿Hay alguna en la que creas que tu cerebro y el resto de tu cuerpo están respondiendo desproporcionada y automáticamente, es decir, con ansiedad "mala", "negativa" o desadaptativa? En caso afirmativo, por favor, anótatelas.

Si alguien te dice que le tiene un miedo disparatado a estar o a relacionarse con otras personas porque, cuando está con ellas o frente a ellas, su cuerpo reacciona automáticamente como si estuviera delante de un perro de presa o de un león en plena selva, entonces tendríamos que decir que esa persona tiene *ansiedad* "mala", desadaptativa, porque su reacción es disparatada, y que es *social* porque se presenta cuando está o se tiene que relacionar con otras personas.

¿Qué es la ansiedad social desadaptativa?

Así, podemos decir que la ansiedad social es la reacción automática y desproporcionada que le produce a una persona el miedo a relacionarse y a actuar ante otros.

Por ejemplo, miedo a que otros lo vean comer, tocando un instrumento musical, hablando, firmando un documento, chutando a gol en un partido, orinando en un urinario público, hablando por teléfono...; miedo a que los demás puedan darse cuenta de que se ruboriza o de que le sudan mucho las manos, a quedarse sin saber qué decir, etc., etc. En esta reacción de ansiedad los miedos más importantes son a no ser capaz de actuar o de comportarse como se cree que los demás esperan que uno lo haga, a fallar, a parecer que no se está bien de salud. Se tiene un miedo disparatado a que, como consecuencia de no hacer las cosas bien, o de que parezca que no se está bien, los otros tengan una impresión negativa de uno, es decir, que lo evalúen negativamente.

Como las personas sienten esos miedos, tanto cuando están como cuando tienen que estar con otros de su misma edad o con personas más mayores, no pueden parar de pensar de manera muy negativa y desproporcionadamente. Estos pensamientos negativos se centran en las posibilidades que tienen de hacer las cosas bien, de que les salgan mal o de que los otros se den cuenta de que no están bien, de que les pasa algo.

De hecho, si están con alguien con quien no tienen mucha confianza, es raro que no estén pensando cosas como "No voy a ser capaz de responder si me pregunta", "Se va a dar cuenta de que me pasa algo", "Seguro que voy a parecerle ridículo si digo lo que pienso", etc. Las personas con ansiedad social intentan una y otra vez aguantar en la situación y disimular como si no les pasara nada con el fin de no tener que irse y llamar más la atención.

Ahora bien, sólo lo consiguen si la intensidad del malestar que genera la reacción de ansiedad no es muy elevada; cuando cada vez que están con gente es muy intenso el malestar, su cabeza "no para" de producir pensamientos negativos y su cuerpo siempre está en estado de alerta (sus músculos están muy tensos, sudan mucho aunque haga frío, sienten que tienen un nudo en la boca del estómago, el corazón les late tan deprisa que parece que les vaya a dar un infarto, etc.). Por todo ello, antes o después, terminan llegando a la conclusión de que, como lo pasan muy mal cuando están con la gente, lo mejor es estar solos. Cuando esto ocurre, empiezan a evitar estar con otras personas que no sean sus padres, hermanos y algún o algunos amigos íntimos.

Los chicos y chicas con ansiedad social desadaptativa lo pasan muy mal en el colegio cuando tienen que hacer trabajos en grupo o han de salir a la pizarra. Ellos evitan ir a fiestas de cumpleaños, bautizos, comuniones, etc. porque también lo pasan muy mal. Muchas veces hacen sus trabajos "menos bien" de lo que realmente podrían para evitar llamar la atención de sus profesores o de sus compañeros y así pasar desapercibidos. En el patio de recreo no suelen jugar con otros; normalmente están solos. Siempre hablan muy poquito, en voz baja o no hablan nada. Tampoco suelen mirar directamente a los ojos ni cuando les hablan ni cuando tienen que contestar, ya sean estos iguales que ellos o mayores, de su mismo o de distinto sexo. Por eso, mucha gente llega a pensar de ellos que son "chulos", que son "engreídos", que "miran a los demás por encima del hombro", etc.

Pero no es cierto, lo que realmente ocurre es que siempre están pendientes de no fallar, intentando estar solos para no tener que hablar, hecho que los demás interpretan como que no quieren estar con nadie, como que se consideran superiores a los demás, cuando lo que realmente pasa es que lo están pasando muy mal y para aliviar su malestar evitan, tanto cuanto pueden, estar con otras personas.

La ansiedad social desadaptativa, el comportamiento pasivo-agresivo y la asertividad

Precisamente como consecuencia de lo mal que lo pasan y de su incapacidad para expresar lo que piensan y sienten, para defender sus derechos o para decirle "no" a alguien que les pide que hagan algo que no quieren hacer o con lo que no están de acuerdo, las personas que tienen ansiedad social desadaptativa son como un vaso de agua que gota a gota se va llenando sin que nadie beba de él.

Lentamente "van acumulando", "se van llenando", "se van cargando de rabia e impotencia" cada vez que tienen que hacer algo que no desean o no pueden hacer lo que les gustaría.

A corto plazo no atreverse a oponerse a los demás, a contrariarlos o a expresar lo que se piensa o se quiere por miedo a quedar mal o a hacerlo mal, sirve para que la persona con ansiedad social evite conflictos tanto con los demás como consigo mismo, pero a medio y sobre todo a largo plazo el resultado de esta estrategia de "es-

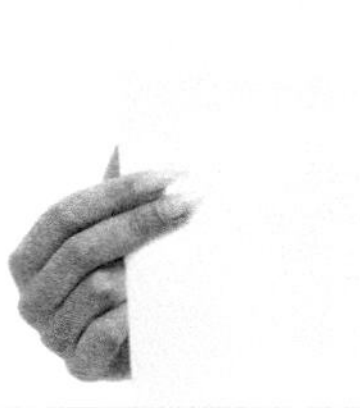

cape" y "evitación" termina siendo el descontrol de los impulsos. Así, siguiendo con el símil de las gotas de agua, cada una de esas gotas se correspondería con cada una de las veces que queriendo contestar o responder no lo hacen, cada una de las veces que se callan y aguantan, un día y otro día, hasta que llega el momento en que ya no pueden más y "explotan", aunque aparentemente no haya un motivo para ello o que la razón sea muy poco importante.

Esas "explosiones" incontroladas y desproporcionadas son percibidas por los demás como respuestas agresivas y sin sentido. Como consecuencia, por una parte, muchos amigos de las personas con ansiedad social "mala" terminan no contando con ellos y, por otra, las personas con ansiedad social desadaptativa se sienten avergonzadas por haber respondido como lo han hecho y todavía evitan más estar con gente para que no les vuelva a pasar.

Esta manera de comportarse llega a formar parte de las características de la conducta de quien padece la ansiedad social desadaptativa y recibe el nombre de comportamiento "pasivo-agresivo".

El chico o la chica entra en un círculo vicioso que se parece mucho al "efecto bola de nieve" porque, tal como la bola se hace más grande cuanto más tiempo pasa rodando, más grande se hace la furia interna de la persona que aguanta y aguanta sin decir nada, sin expresar lo que piensa y lo que siente, sin defender sus derechos, sin atreverse a decirle a los otros que no quiere, o que no le parece bien, o que no lo ve así, o que le dejen en paz, etc., por lo que termina generalmente respondiendo de forma desmedida, aparatosa, desproporcionada, como si se le saliese de golpe de su mente y de su cuerpo todo lo que ha aguantado y guardado. Esta forma de responder es percibida por los demás como "fuera de lugar" porque no se corresponde con lo que ha pasado.

La consecuencia de la evitación reiterada de estar con otros es que, cuanto menos se relacionan con los demás, más miedo tienen a hacerlo y más sufren. El resultado es la crónica de una muerte anunciada: el chico o la chica con ansiedad social termina estando muy solo y pese a que no quiera estarlo llega un momento en que no sabe remediarlo.

Por otra parte, los demás también dejan de contar con ellos porque, como cada vez que los han invitado, éstos no han acudido o han puesto cualquier excusa, terminan por no volverlos a llamar para nada.

Por ello, el trabajo que tiene que hacer el psicólogo con las personas que tienen ansiedad social incluye siempre ayudarle para que lleguen a poder expresar abiertamente lo que piensan y sienten, para que puedan defender sus derechos y opiniones, respetando siempre los derechos y las opiniones de los demás, haciéndolo de la manera más agradable que se pueda, pero haciéndolo, no reprimiéndose, no censurándose, no evitándolo. El efecto que produce la ayuda psicológica es lograr una buena autoestima y un buen autoconcepto de ellos mismos porque cada vez se van viendo más capaces de actuar como lo hacen los demás y cada vez sufren menos al hacerlo.

Ahora bien, ¿la ansiedad social negativa es siempre igualmente desadaptativa? Veámoslo en el apartado siguiente.

Los grados de la ansiedad social desadaptativa

¿Afecta por igual lo que hemos dicho a todos los chicos y chicas? Es decir, ¿todos los chicos y chicas que tienen ansiedad social "mala" lo pasan igual de mal?

La respuesta es no. Se puede tener muy poquita o muchísima ansiedad social "mala". Así, por ejemplo, se puede tener sólo miedo a una situación como es la de hablar en público y, si no tienes que hablar en público, ni se te nota que tienes ansiedad social desadaptativa; o miedo a comer en público o a hablar en teléfonos públicos pero, si comes en casa casi siempre o tienes un móvil, pues tampoco interfiere mucho en tu vida aunque eso no quita que, si alguna vez tienes que hablar en público, comer delante de otros o hablar en un

teléfono público, lo pases muy mal. Por lo tanto, si sólo se le tiene miedo a una situación, normalmente se pasa "menos mal".

Ahora bien, si se trata de no ser capaz de decir "no" cuando te piden que hagas algo que no te apetece o te ofrecen que tomes algo que no quieres (por ejemplo, alcohol, tabaco o cualquier otra droga), entonces, aunque sea "miedo sólo a decir que no", se puede pasar muy mal porque implica tener que enfrentarse a decir "no" en muchas situaciones distintas.

En consecuencia, a cuantas más situaciones sociales se le tenga miedo, más ansiedad social desadaptativa se tendrá y peor lo pasará el chico o la chica.

¿Afecta por igual a chicos y chicas?

No. Los datos generales con los que contamos nos indican que, de cada tres personas que tienen ansiedad social, dos son del sexo femenino y la tercera del sexo masculino. Es decir, se presenta mucho más en las chicas que en los chicos.

¿Cuándo se inicia o aparece la ansiedad social desadaptativa?

La ansiedad social "mala" puede aparecer desde edades muy tempranas como los 3 años hasta la primera fase de la adultez, es decir, los 19 ó 20 años. Más tarde es muy poco probable que una persona que no ha tenido este problema lo tenga, aunque siempre es posible.

Cuando se lo preguntamos a los chicos y chicas que tienen ansiedad social, nos dicen que el 32% notaron las primeras alteraciones de su cuerpo alrededor de los 4 años de edad, sólo el 10% entre los 6 y los 9 años, el 27% entre los 10 y los 12 años y entre los 13 y los 15 años el 31%.

Así pues, como puedes ver, los mayores porcentajes se corresponden con los momentos en los que chicos y chicas tienen que afrontar cambios importantes en sus vidas. Tal ocurre cuando se empieza a ir al parvulario sobre los 4 años, porque es cuando se separa uno por primera vez durante mucho tiempo de sus papás y abuelitos, tiene uno que hacer amistades con niños que no conocía de nada antes y quedarse todo el día con adultos que le son extraños, entre otras cosas.

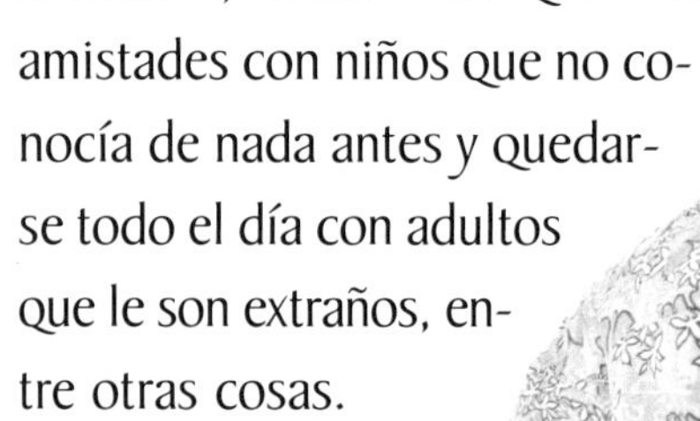

Entre los 10 y los 12 años experimentamos un rápido crecimiento y aparecen nuestras características sexuales secundarias, es decir, nos sale el vello en el pubis y los sobacos, a las chicas comienzan a crecerles los pechos y a los chicos el pene, el bigote, la barba y los testículos, etc. Estos cambios coinciden también con el paso de Primaria a Secundaria, produciéndose un incremento muy considerable de la complejidad de los contenidos que nos enseñan y de la exigencia respecto de lo que tenemos que aprender.

Sobre los 10 años también aparece la amistad, es decir, es la edad en la que generalmente se tiene por primera vez un amigo o amiga de verdad con los que se comparten muchas cosas; las chicas suelen tener una o dos amigas íntimas, en cambio los chicos suelen tener más pero sin llegar al mismo grado de intimidad y compromiso.

Entre los 13 y los 15 años nos tenemos que adaptar al grupo o pandilla. Ello forma parte de un proceso en el que cada vez uno se va independizando un poquito más de la familia, aunque se siga queriendo muchísimo a los papás y se necesite su apoyo emocional para afrontar los problemas a los que se tiene que ir haciendo frente; también se va uno implicando un poquito más cada vez con el grupo de amigos.

Recuerda que a esta edad también se termina la Secundaria y hay que adaptarse de nuevo al cambio de centro educativo, ahora toca el instituto, donde los profesores vuelven a ser desconocidos y muchos o casi todos los compañeros de clase también lo son. Es un tiempo en que se pasa de pertenecer a un grupo o pandilla en el que todos son chicos o chicas, a otro en el que la pandilla suele ser mixta y por último al inicio de las parejas. ¡Son muchas las cosas a las que hay que hacer frente y generalmente sin que nadie te enseñe cómo las tienes que hacer, qué tienes que decir, cuándo tienes que decir algo o callarte, etc., etc.!

Todas estas fases son épocas en las que el miedo a hacer el ridículo, a meter la pata, a no ser capaz de hacer o decir lo que uno cree que tiene que hacer o lo que te dicen que deberías de hacer, hacen que sea bastante complicado y que, como consecuencia, esas situaciones puedan terminar pasando del temor al pavor o el terror, de la ansiedad "buena", "positiva" o adaptativa a la ansiedad "mala", "negativa" o desadaptativa; del miedo que sirve para enfrentarse a las situaciones y superarlas, al que sólo produce terror porque tenemos pánico a no hacerlo bien, al que no sólo no nos sirve sino que nos incapacita porque nos impide aprender lo que tenemos que hacer; es el miedo desproporcionado que produce en nuestro organismo una gran activación a la que llamamos la ansiedad social desadaptativa.

Recuerda: para pasar de experimentar temor en una situación a sentir pavor o terror hay que aprenderlo, aunque muchas veces uno no se dé cuenta.

¿Tiene siempre el mismo nombre la ansiedad social desadaptiva?

No. Con la ansiedad social pasa como con las bacterias o los virus. Aunque todas sean bacterias o virus, cada uno de ellos produce distintos problemas de salud que se tratan con distintos medicamentos. Del mismo modo, los distintos trastornos en cuyo origen está la ansiedad social tienen distintos nombres y se tratan con procedimientos psicológicos variados.

A la ansiedad social desadaptativa le ponemos distintos nombres a los que llamamos genéricamente trastornos. Cada trastorno designa uno de los distintos problemas del comportamiento humano.

Dentro de éstos podemos distinguir dos grupos en función del grado de incapacidad que producen en la persona, es decir, de lo que le hacen sufrir e interfieren en su actividad diaria. Entre los que más incapacitan y hacen sufrir está el mutismo selectivo y la fobia social; en el segundo grupo, en el que menos incapacita y menos hace sufrir, está la timidez.

Hablamos de mutismo selectivo cuando nos referimos a niños pequeños a los que la ansiedad les impide hablar y dejan de hablarle a casi todas las personas y en casi todos los sitios, pese a que sepan hablar perfectamente; el mutismo pue-

de llegar a ser mutismo total cuando ya no le hablan a nadie en ninguna situación.

Cuando la ansiedad social impide que la persona se pueda relacionar o actuar ante otras personas, de su misma edad o mayores, sean personas de su mismo sexo o de distinto sexo, se trate de adultos con cargos importantes como un profesor o el director del colegio o de otros adultos desconocidos, se le llama fobia social.

La fobia social puede ser específica, si sólo se le tiene miedo a una situación, y generalizada, si se le tiene miedo a actuar o relacionarse con otras personas en muchas situaciones.

Veamos con más detalle qué es la timidez en el siguiente apartado.

La timidez es un trastorno de ansiedad social aprendido, como la fobia social y el mutismo selectivo, es decir, que puede "desaprenderse" con ayuda psicológica. La timidez puede hacer sufrir mucho a la persona que la padece, aunque no tanto como la fobia social o el mutismo selectivo. Es el problema de ansiedad social menos grave.

¿Qué es la timidez?

En general, casi todos nos sentimos un poco "cortados", un poco retraídos cuando vamos a ir o llegamos a un sitio donde conocemos muy poco o nada a las personas que están allí, pero generalmente también al poco tiempo de haber llegado empezamos a hablar con unos y con otros sin mayores problemas.

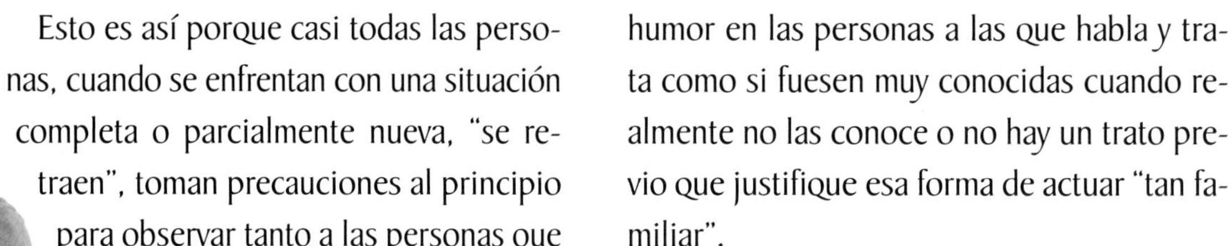

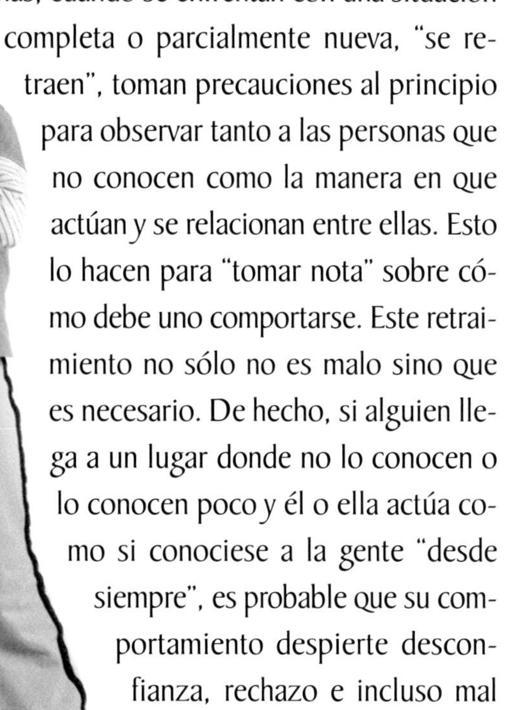

Esto es así porque casi todas las personas, cuando se enfrentan con una situación completa o parcialmente nueva, "se retraen", toman precauciones al principio para observar tanto a las personas que no conocen como la manera en que actúan y se relacionan entre ellas. Esto lo hacen para "tomar nota" sobre cómo debe uno comportarse. Este retraimiento no sólo no es malo sino que es necesario. De hecho, si alguien llega a un lugar donde no lo conocen o lo conocen poco y él o ella actúa como si conociese a la gente "desde siempre", es probable que su comportamiento despierte desconfianza, rechazo e incluso mal humor en las personas a las que habla y trata como si fuesen muy conocidas cuando realmente no las conoce o no hay un trato previo que justifique esa forma de actuar "tan familiar".

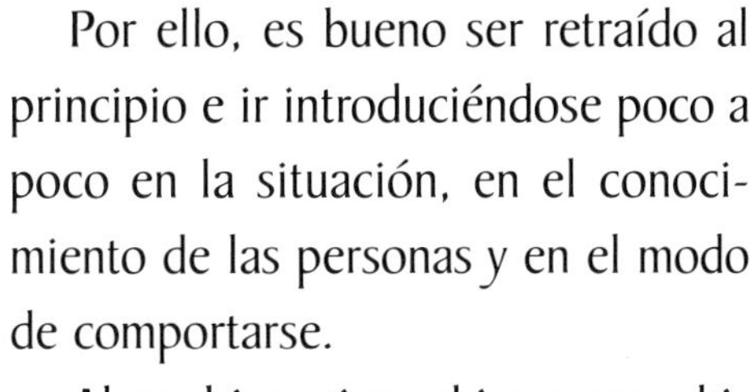

Por ello, es bueno ser retraído al principio e ir introduciéndose poco a poco en la situación, en el conocimiento de las personas y en el modo de comportarse.

Ahora bien, si un chico o una chica se muestra retraído o retraída cuando ya ha pasado un buen rato, generalmente basta con unos minutos para adaptarse a la nueva situación, o es el segundo o tercer día que está con la misma gente, es decir, si actúa como si fuese la primera vez que se los presentan y habla poco y en voz baja con ellos, no los mira a los ojos cuando se dirigen a él o ella, se aísla con cualquier excusa para evitar que le pregunten o para tener que hablar, está tenso o tensa, le late el corazón más rápido de lo normal y su respiración es agitada si alguien se acerca para solicitarle algo, etc., etc. En este caso ya tenemos que hablar de timidez, de un problema que le hace sufrir porque ya no es un miedo que le sirva para afrontar mejor la situación, no; ahora ese miedo es desproporcionado y ya no le es útil porque interfiere en su relación con los demás, porque le impide disfrutar y compartir con ellos la situación.

En consecuencia, decimos que es tímida toda la persona que en una situación donde hay personas poco conocidas o desconocidas tarda mucho tiempo en estar relajado, en disfrutar riendo y hablando con los que hay allí, o ni siquiera llega a hacerlo antes de que la gente se marche. En este caso, su estado de alerta, su retraimiento le puede hacer aparecer ante los demás como "raro", "distante" y en ocasiones hasta como "engreído", tal como dijimos al hablar en general de la ansiedad social desadaptativa.

¿En qué se diferencia la timidez de la fobia social? Pues en que el tímido, a pesar de pasarlo mal, no abandona la situación, no se marcha ni evita volver a quedar con la misma gente, aunque no disfrute. En cambio, el chico o la chica con fobia social, si no ha podido evitar la situación, generalmente no suele aguantar hasta el final de la reunión y, si aguanta, lo hace padeciendo muchísimo, pasándolo muy mal, muchísimo peor que el tímido. Por eso, la ansiedad social que afecta al tímido y al fóbico social son de distinto grado; la ansiedad social de la persona tímida es menos fuerte, menos intensa, le hace padecer menos y no interfiere tanto en su vida diaria mientras que en la persona con fobia social la intensidad de su ansiedad social es muy elevada y sí le dificulta muchísimo cuando no le impide tener una pareja, estudiar o trabajar si tiene que hacerlo con compañeros o atendiendo al público, etc.

Poca	**Mucha**
Intensidad de la Ansiedad Social	
Timidez	**Fobia Social**

¿Eres tímido?

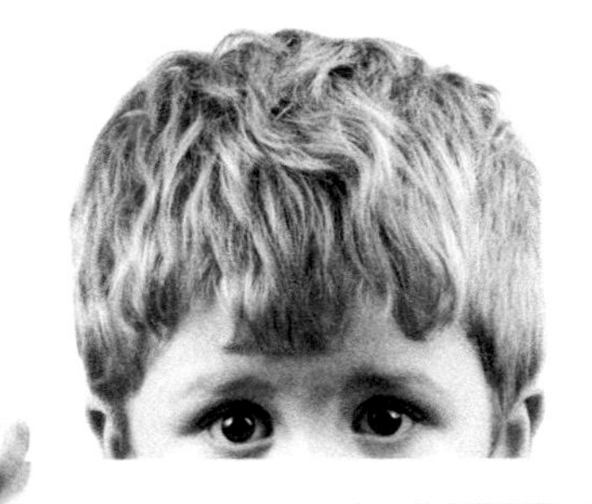

Compruébalo. Pon una X en la casilla que mejor refleja lo que te pasa.

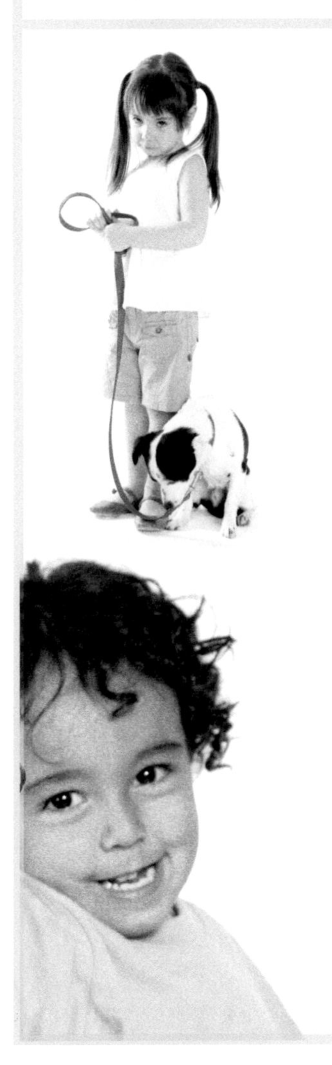

¿Cuando estás con personas que no conoces o que conoces poco normalmente...	SÍ	NO	No sé
1. Utilizas un tono de voz bajo?			
2. Notas que te falta seguridad cuando tienes que decir algo?			
3. Cuando hablas te paras muchas veces antes de decir lo qué quieres?			
4. Tienes que pensar mucho lo que vas a decir?			
5. Tienes que hablar más lento que los demás para no equivocarte?			
6. Pronuncias mal algunas palabras aunque pongas todo tu empeño para pronunciarlas bien?			
7. Te equivocas empleando palabras que no querías para decir algo?			
8. Notas o te dicen que no entonas bien cuando pronuncias?			
9. Hablas poco?			
10. Te das cuenta de que los demás mueven las manos y gesticulan más que tú?			
11. Te cuesta mucho mirar a los ojos de la persona que te habla o a la que tú estás hablando?			
12. Te sientes mejor si quien te habla o a quien tienes que hablar no está muy cerca de ti?			
13. Te tocas mucho el pelo, la cara u otras partes del cuerpo mientras hablas?			

Si has marcado con una X ocho o más casillas del SÍ, entonces sería bueno que consultases el apartado de solicitar ayuda con el fin de que te dijesen si realmente necesitas ayuda o no.

Con siete casillas marcadas en el SÍ la probabilidad de que tengas timidez es muy baja. No te recomendamos que pidas ayuda salvo que, cuando estás con desconocidos o personas poco conocidas, lo pases mal. En este caso, pese a que hayas marcado pocas casillas del SÍ con una X, sí sería bueno que consultasen tus papás con un psicólogo para que valorara si puedes necesitar ayuda.

En los demás casos no te preocupes. No tienes timidez.

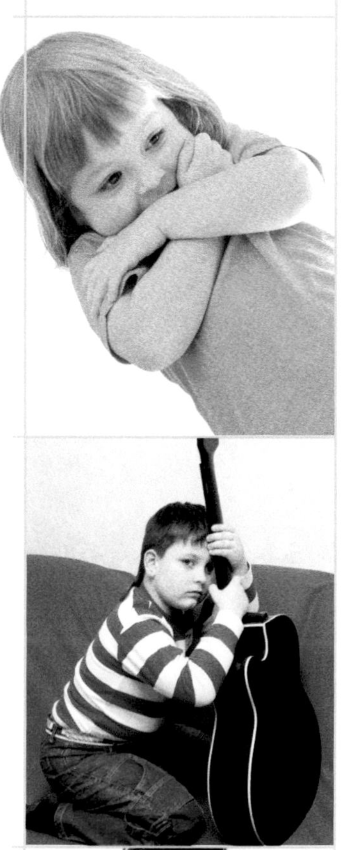

¿Hay muchos tímidos?

La timidez es un problema que afecta a muchas personas.

En la infancia y la adolescencia hay estudios al respecto que concluyen porcentajes muy elevados de personas con este problema. Así:

- Hasta los 6 años: entre el 14% y el 16% de los niños y niñas se muestran retraídos socialmente.

- Entre los 7 y los 12 años: el 42 % de los chicos y chicas se consideran tímidos, no habiendo diferencias entre los sexos.

- Entre los 13 y los 15 años: el 50% de los chicos y chicas se consideran tímidos.

Como puedes observar, hasta los 15 años la timidez aumenta con la edad y, aunque en fases de la vida como entre los 7 y los 12 años parece que no se encuentran diferencias entre el número de chicos y chicas, a partir de los 13 años el número de chicas es mayor que el de chicos.

Recuerda que, cuando hablábamos de ansiedad social en general, el número de chicas generalmente era el

doble que el de chicos. Esto se explica en buena medida porque hasta ahora a los chicos se les ha preparado más para enfrentarse a la vida fuera de casa que a las chicas y como consecuencia las chicas han estado menos preparadas para afrontar las relaciones sociales que los chicos.

Un dato más. Entre los 15-18 años el número de tímidos se sitúa en el 40% de los chicos y chicas de estas edades. Este dato es también importante porque prácticamente es el mismo porcentaje que se encuentra cuando se valora la presencia de timidez en los adultos. Es decir, los adultos tímidos generalmente fueron primero niños o adolescentes tímidos.

¿Se aprende a ser tímido o se nace tímido?

Como ya te hemos comentado, no se nace tímido sino que se aprende a ser tímido. Por eso, la timidez se puede eliminar utilizando tratamiento psicológico.

Se puede aprender a ser tímido de muchas formas distintas. Así, por ejemplo, uno puede aprender a ser tímido observando a otro chico o chica que actúa tímidamente, o porque alguien le haya dicho a uno que es bueno no hablar ni mirar a los ojos de la gente que no se conoce, o porque cuando hablas siempre están pendientes de lo que dices o haces mal, porque el papá o la mamá son tímidos y uno "los copia" sin darse cuenta, porque alguien lo ha dejado a uno en ridículo delante de los demás cuando decía o hacía algo, etc., etc.

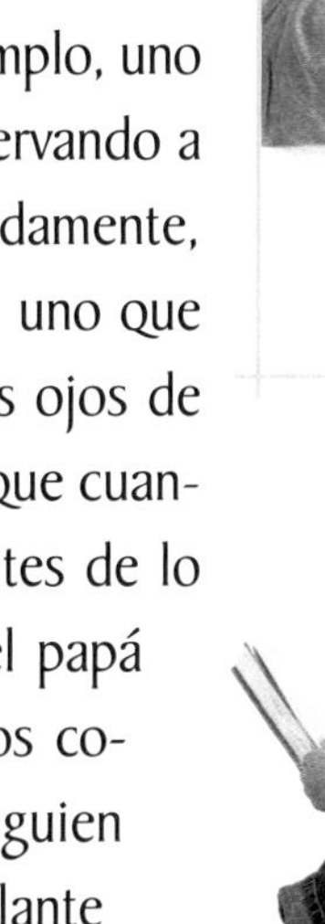

¿Tenemos todos las mismas oportunidades para padecer timidez?

No. De hecho, como has podido ver a través de los porcentajes de niños y niñas, chicos, chicas y personas mayores que tienen timidez, ellos son sólo una parte. Es decir, para aprender a ser tímido se tienen que dar unas circunstancias y entre esas se hallan lo que los psicólogos llamamos "variables de vulnerabilidad".

Estas variables de vulnerabilidad son las que nos permiten explicar por qué unas personas pueden aprender a ser tímidas y otras en circunstancias muy parecidas no lo aprenden. Entre las variables que hacen que sea más fácil o más difícil que aprendamos a actuar tímidamente están el hecho de que los padres sean muy protectores con sus hijos o muy rígidos, el que las personas que se ocupan de los niños pequeños en los jardines de infancia y en las guarderías sepan cómo tienen que tratar y educar a los niños pequeños, el tener antecedentes familiares (alguien de la familia que también es o fue tímido), etc.

No obstante, tienes que recordar que, pese a que uno "sea vulnerable", es preciso además que se dé alguna de las circunstancias que comentábamos en el apartado anterior para aprender a actuar tímidamente.

¿Se es o se está tímido?

No se es tímido. Se está tímido porque se aprende a actuar tímidamente, a reaccionar retraídamente cuando uno está con gente desconocida o poco conocida.

Pero si uno fuese tímido, nunca podría dejar de serlo. Se puede tratar y eliminar la timidez porque se aprende a actuar así y por ello también puede "desaprenderse" con la ayuda de un psicólogo o una psicóloga.

¿El tímido es siempre igual de tímido?

No. Depende de las situaciones, es decir, de la gente que está presente.

Cuanto más desconocidos haya, más ansiedad social desadaptativa tendrá el tímido y más retraídamente se comportará. Por el contrario, si hay muchas personas conocidas y sólo alguna desconocida, tendrá menos ansiedad social y lo pasará menos mal.

¿Son iguales todos los tímidos?

No. No hay dos tímidos iguales.

Cada tímido es distinto porque cada uno ha aprendido a serlo en unas circunstancias que, aunque sean muy parecidas a las de los demás, nunca son iguales.

¿Lo pasan muy mal los tímidos?

Sí. Como ya hemos comentado líneas atrás, lo pasan muy mal aunque haya otras personas con ansiedad social desadaptativa que lo pasen peor que los tímidos.

Como ya hemos dicho, la timidez no impide que la persona haga las cosas que tiene que hacer a lo largo del día, pero sí reduce mucho las posibilidades de hacer muchas cosas mejor, sobre todo en lo referente a aquellas actividades en las que es necesario coordinarse y trabajar con otras personas que sean desconocidas o poco conocidas. Tal les ocurre, por ejemplo, cuando tienen que hacer trabajos en clase con otros chicos o chicas con los que uno se relaciona poco o no han tenido ningún contacto previamente, aunque los conozcan de vista; cuando tienen que cambiar de colegio, ir a clase de profesores distintos a los que

habitualmente tienen cuando pasan de Primaria a Secundaria, o de Secundaria al Bachillerato; cuando han de marcharse a vivir a otra ciudad o a otro pueblo porque sus padres han sido trasladados o han encontrado trabajo en otro lugar, etc. En todos estos casos los chicos y chicas con timidez lo pasan bastante mal cuando tienen que afrontar los cambios y adaptarse a ellos.

Como ya sabes, la timidez también hace que se tengan muy pocos amigos o, en ocasiones, que no se tenga ninguno. Por eso las chicas y los chicos con este problema también son más vulnerables a lo que los psicólogos llamamos la "presión del grupo": la persona tímida casi siempre opta por hacer lo que le dicen o lo que cree que se espera que haga, pese a que no le parezca bien, aunque no esté de acuerdo; por eso, luego puede sentirse muy mal con él o con ella, pero cuando está frente a los otros no se atreve a contrariarlos expresando un punto de vista distinto al de la mayoría.

Cuando está con otros, el tímido no suele ser como es cuando está solo porque, cuando está solo, es capaz de hacerlo casi todo y cuando está con gente desconocida o poco conocida su alteración nerviosa y muscular, además de sus pensamientos negativos, le restan mucha eficacia a su quehacer. Como se da cuenta de lo que le ocurre y no puede evitarlo, termina por dejar de hacer cosas que sabe hacer para evitar equivocarse.

Por todo ello, podemos decir que la timidez afecta tanto al desarrollo individual como al social de la persona y termina limitándolo mucho con el paso del tiempo.

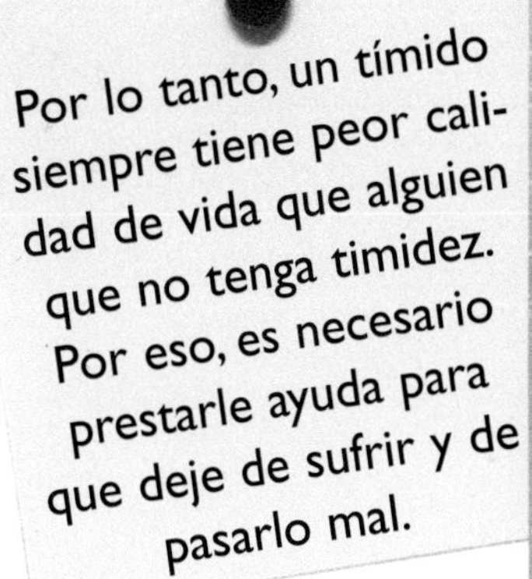

Por lo tanto, un tímido siempre tiene peor calidad de vida que alguien que no tenga timidez. Por eso, es necesario prestarle ayuda para que deje de sufrir y de pasarlo mal.

La timidez puede producir muchos "destrozos" en el desarrollo de quien la padece

Como hemos visto, son muchas las alteraciones que puede producir la timidez en el comportamiento humano.

Entre éstas se hallan el aislamiento de los demás y el sentimiento de soledad que ello lleva aparejado, la baja autoestima y la depresión, el sentimiento de vergüenza y otros trastornos de ansiedad como los ataques de pánico, el bajo rendimiento escolar y el abandono de los estudios, etc. Vamos a detenernos en algunas de las más importantes para comentarlas con más detalle. Empezamos por la autoestima.

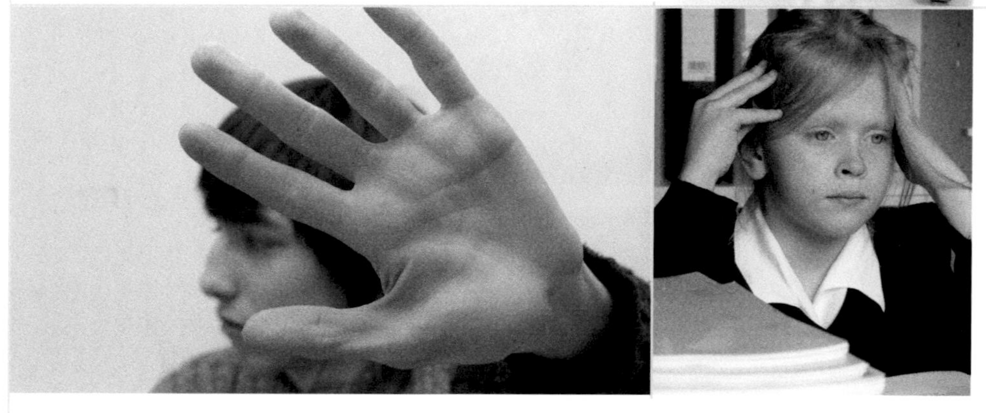

Timidez y autoestima

En general las personas tímidas tienen un autoconcepto y una autoestima bajos porque no se sienten bien con ellas. Ello es así porque no terminan de aceptarse, les cuesta mucho admitir sus fallos y limitaciones cuando están con gente porque saben que, si estuvieran solos, lo harían mucho mejor.

Como consecuencia, no se sienten orgullosos de sí mismos y suelen necesitar en demasía el apoyo y el refuerzo de los demás. Todo ello también afecta a la manera en que sienten y piensan, y por ende a su autoestima.

De hecho, el exceso de tiempo que los tímidos dedican tanto a pensar en las relaciones sociales como a darle vueltas a las conductas propias que no saben cómo mejorar hace que el conocimiento de sí mismos y la valoración que hacen de sí no sean tan buenos como deberían.

Es decir, no se perciben con capacidad para superar las dificultades que encuentran a la hora de afrontar exitosamente las relaciones sociales, por lo que lo que predomina es una autoestima baja o muy baja, que es consecuencia de la autodescalificación y del sentimiento de vergüenza: no se aceptan como son. A ello hay que añadir el hecho de que no suelen recibir la aprobación de los demás por las cualidades que realmente tienen, entre otras razones porque suelen estar mucho más tiempo solos que acompañados.

Timidez y depresión

Las personas con timidez tienen muchas más probabilidades de presentar depresión que quienes no son tímidos porque los primeros han aprendido a ser más indecisos y más pesimistas que los segundos.

Como hemos visto, los tímidos tienen una autoestima baja, fundamentalmente como consecuencia de prestar mucha atención a todo lo que no les sale bien, a estar pendientes sólo de intentar evitar las consecuencias negativas que se pueden derivar de sus acciones o de su inhibición de la propia actuación. Ello les lleva a centrar su atención, memorizar y recordar sólo la parte negativa de su quehacer diario, a que sus pensamientos sean casi siempre muy tajantes, estrictos y negativos. Así, por ejemplo, si algo les sale mal, lo recuerdan utilizando expresiones como *es horrible, es terrible, es insoportable* que no haya salido como yo quería; en otros casos, si no logran lo que pretenden, piensan que, como no lo consiguen siempre, ya no lo van a conseguir nunca, o que como no lo pueden hacer *todo bien,* ya no serán capaces de hacer *nada bien,* etc.

Como lo que uno piensa es una parte de lo que uno hace e influye en cómo se ve uno a sí mismo y cómo ve a los demás, estos pensamientos estrictos, tajantes y negativos terminan haciendo que uno se vea a sí mismo inútil, incapaz y vea el futuro "negro", sin posibilidades ni de estar bien ni de hacer nada bien, sin posibilidades de ser como los demás. Esta forma de pensar les lleva con mucha frecuencia a sacar conclusiones falsas o erróneas de lo que pasa o ha pasado porque, o bien no tienen pruebas, o bien carecen de datos suficientes para ello. Este error a la hora de pensar recibe el nombre de *inferencia arbitraria* porque van con sus pensamientos más allá de donde se puede ir con los datos reales disponibles.

En otros casos el error que cometen es la sobregeneralización, que consiste en sacar conclusiones generales a partir de un hecho aislado y concreto; así, por ejemplo, por una vez que fallan ya piensan que no lo harán bien nunca; es decir, confunden la parte con el todo y creen que están en lo cierto.

Además, junto a la *sobregeneralización* se suele presentar también en el pensamiento de los tímidos la *abstracción selectiva*, que es como llamamos al hecho de que la chica o el chico con timidez se

centre tanto en los detalles que no llega a percibir la situación y su significado en conjunto, por lo que sólo memoriza y recuerda la parte de la situación en la que se ha centrado. En otras ocasiones la persona con timidez comete el error del adivino. El *error del adivino* consiste en pensar que se sabe lo que están pensando otros sobre uno, pese a que no se tenga ninguna información directa de la persona o las personas a las que se les atribuyen tales pensamientos; este error lleva a los tímidos que lo cometen a creer que también pueden adivinar lo que les pasará en el futuro. Por supuesto, dado que tienen una visión muy pesimista de la realidad, lo que ellos "adivinan" que les pasará en el futuro siempre suele ser negativo. Junto a los ya comentados hay otros dos errores que también suelen ser frecuentes en las personas con timidez: la personalización y la maximización-minimización. La *personalización* les lleva a pensar que son responsables de todo lo malo que ocurre y la *maximización-minimización* a atribuir una mayor importancia a los errores y fallos que a los aciertos y éxitos.

Todo esto suele llevarles a experimentar sentimientos de tristeza, vergüenza, desidia, apatía, indecisión, pesimismo, etc., que les hace ser mucho más vulnerables a padecer trastornos depresivos que el resto de los chicos y las chicas sin este problema.

Timidez y rendimiento escolar

Aunque en general las personas tímidas suelen ser buenas estudiantes porque se esfuerzan mucho para no llamar la atención, también ocurre que no suelen rendir en los estudios de acuerdo con sus posibilidades porque así evitan ser el centro de atención de los demás.

Timidez y acoso escolar

Los datos indican que los chicos y chicas tímidos tienen más probabilidades de ser fruto de burlas y acoso por parte de sus compañeros que aquellos que no son tímidos.

El hecho de que tengan más dificultades que el resto de sus compañeros para mantener los amigos o hacer amistades nuevas les hace estar más desprotegidos y ser más vulnerables al acoso escolar.

Timidez y fobia social

Los chicos y chicas con timidez tienen muchas más probabilidades de llegar a padecer la fobia social que el resto de las personas. Recordad que la fobia social es un trastorno que puede resultar muy incapacitante porque interfiere de manera significativa en la vida cotidiana de quien la padece y, por supuesto, hace que la persona sufra muchísimo más que cuando se tiene timidez.

¿En qué consiste la ayuda psicológica?

Los tímidos tienen problemas a la hora de valorar sus propios recursos porque no suelen tener objetivos claros por los que luchar, porque sus vínculos de compañerismo, de amistad, de pareja, deportivos, etc., son escasos. Ello les hace ser generalmente bastante dependientes e incluso agobiantes para las pocas personas con las que se relacionan.

El chico o la chica tímidos, para dejar de serlo, tienen que aprender a enfrentarse a las situaciones que temen mediante ayuda psicológica. La ayuda que les proporcionará el psicólogo o la psicóloga les permitirán aprender habilidades y destrezas para enfrentarse y desenvolverse eficazmente en las relaciones sociales, tanto con personas desconocidas como poco conocidas.

Así, por ejemplo, les enseñarán a: (i) reducir y en su caso a eliminar sus autocríticas negativas, (ii) reforzarse centrando su atención en lo que hacen bien para aprender a valorar sus cualidades, (iii) cambiar sus pensamientos tajantes, estrictos y negativos por pensamientos más flexibles, realistas y positivos, (iv) no compararse con los demás sino con ellos mismos para ir comprobando si logran o no lo que se proponen con el fin de mejorar, (v) percibir las omisiones y los errores como oportunidades para aprender y no para interpretarlos como fracasos, (vi) decir "no" cuando se esté en desacuerdo con lo que dicen o le piden a uno los demás, (vii) defender los derechos propios, etc.

Solicita ayuda si después de leer este libro crees que puedes ser tímido o tienes algún amigo que te parece que lo pueda ser

Si no tienes timidez, pero conoces a algún amigo o amiga que crees que sí la tiene, ofrécele consejo y ayúdale a buscar ayuda. Te sentirás bien ayudándole y él o ella te lo agradecerá siempre.

No lo dejes para otro día. Sabemos que, cuando alguien es tímido, lo pasa muy mal si tiene que solicitar ayuda para sí mismo o para alguien.

Precisamente por eso tienes que pedir ayuda cuanto antes si crees que puedes ser tímido o conoces a alguien que pueda serlo.

Puedes pedirle ayuda a tu profesor o profesora, al psicólogo de tu colegio, al orientador o a tus padres. Ellos sabrán lo que tienen que hacer.

Esperamos que esta lectura te haya resultado interesante.

Encantados de haberte tenido como lector(a).

Pepe y Pablo

Este libro, que forma parte de la colección QUÉ ME DICES DE..., acabó de imprimirse en los talleres de Diumaró en septiembre de 2008.